REVUE TRIMESTRIELLE

DE

DROIT CIVIL

EXTRAIT

LE DROIT ET L'OBLIGATION

OU

LE RAPPORT JURIDIQUE

Par M. Raoul BRUGEILLES
Juge suppléant au tribunal civil de Bordeaux

LIBRAIRIE
DE LA SOCIÉTÉ DU RECUEIL J.-B. SIREY & DU JOURNAL DU PALAIS
Ancienne Maison L. LAROSE & FORCEL
L. LAROSE & L. TENIN, Directeurs
22, rue Soufflot, PARIS, 5e Arrd.

LE DROIT ET L'OBLIGATION OU LE RAPPORT JURIDIQUE

Par M. Raoul Brugeilles,

Juge suppléant au Tribunal civil de Bordeaux.

Est-il possible d'élaborer une définition embrassant à la fois les caractères propres de tous les droits et de toutes les obligations? Le droit constitue-t-il une force sociale unique, bien que variée dans ses manifestations, ou bien y a-t-il seulement au sein des sociétés des règles juridiques sans aucune connexité entre elles et ne présentant qu'un caractère commun : celui d'être sanctionnées par l'autorité et la force publique? En particulier le droit civil et le droit privé tout entier peuvent-ils fournir la matière d'un tout homogène, d'une série de déductions à partir d'un principe général qui se retrouverait toujours identique en son fond, bien que recouvert de broderies plus ou moins chargées? Le droit civil n'est-il que le développement d'un thème? Quel est ce thème et quel est ce principe? Le droit civil a-t-il le privilège de permettre sa découverte?

Un coup d'œil rapide et superficiel sur l'ensemble du droit ne présente que des aspects infiniment divers dans lesquels il est malaisé de découvrir un principe d'unité. Rien ne ressemble moins aux droits et devoirs respectifs des époux que les obligations des signataires d'une lettre de change, ou les règles relatives à l'expropriation pour cause d'utilité publique. Le droit civil, pour nous renfermer dans cette partie du droit, offre une variété de types et de fonctions juridiques considérable. Pour dégager les traits communs des divers droits et des diverses obligations, il est nécessaire d'opérer des classifications successives, de manière à réduire progressivement cette variété à l'unité finale.

La remarque qui nous servira de point de départ est que le droit civil doit être réuni au droit commercial et à la procédure; avec lesquels il ne forme qu'un tout, sous le nom de droit privé. Il en résulte que ce qui va suivre s'appliquera aussi bien à ces deux branches du droit.

Une première division qui s'impose parce qu'elle a été adoptée par le législateur est celle-ci : les personnes, les biens et les diverses manières dont on acquiert la propriété. Si nous prenions à la lettre l'indication qui se dégage de ces titres, nous serions autorisés à penser que le Code civil tout entier se borne à réglementer le droit de propriété, déterminant les sujets auxquels il peut appartenir, les sujets sur lesquels il porte et les modes de transmission de ce droit. En réalité il en est bien ainsi; mais cette étude complète du droit de propriété, qui se continue dans le Code de commerce et le Code de procédure, ne forme qu'une partie, à la vérité la plus importante, du droit privé, et à laquelle il paraît tout naturel de donner le nom de droit économique.

Si la détermination de la capacité des personnes — la distinction des biens, — les règles de transmission de la propriété appartiennent au droit économique, il y a dans chacun des livres du Code civil des règles juridiques indépendantes de tout but économique. Les personnes sont envisagées au point de vue de leurs relations avec la Nation et la Famille et ces relations ont un caractère qui n'est pas seulement économique, mais que nous pourrions dénommer provisoirement moral (bien que ce mot prête à de multiples confusions) en précisant que moral signifie simplement non-économique. Le livre III ne règle pas seulement la manière d'acquérir la propriété. Il contient d'abord des règles relatives aux contrats et celles de la dévolution de l'hérédité. Si les contrats ont en général pour but de substituer un nouveau propriétaire à l'ancien, ils constituent en outre une forme juridique qui peut être usitée pour des buts non économiques, soit purement juridiques, comme le mandat, soit moraux, comme le mariage. Les principes du droit de succession contiennent une partie importante de droit familial — ce qui est tout naturel, la succession étant historiquement basée sur la copropriété familiale. La classification méthodique des diverses parties du droit civil est donc tout entière à refaire ; indépendamment de l'intérêt propre qui s'attache à ce classement, de nature à projeter une lumière plus étendue sur le droit civil lui-même, il est probable que la nature intrinsèque du droit se révèlera d'elle-même à la suite de ce travail préliminaire.

Or dans le droit économique, comme dans le droit familial, il est aisé de se rendre compte de l'existence de dispositions juridiques bien différentes par leur nature : les unes ont pour objet de déterminer la capacité des sujets de droit, d'autres les conditions de validité de fond et de forme des actes juridiques ; d'autres les conditions de preuve et de protection que la loi accorde à ces actes; d'autres règlent l'exercice même de divers droits. On conçoit, en résumé, la possibilité de classer ces règles d'après le but qu'elles se proposent, et non plus d'après la nature des droits auxquels elles s'appliquent. A ce point de vue, le droit civil, et le droit privé tout entier peut se subdiviser en :

1° Droit statutaire, c'est-à-dire l'ensemble des lois constituant l'anatomie juridique pour ainsi dire d'une société. En droit civil, cette partie du droit comprend la description de l'état individuel au point de vue national, comme au point de vue familial, ainsi que l'établissement des classes d'incapables. Il organise le statut individuel et le statut familial, sans s'occuper des droits ni des obligations qui en résultent. A ces statuts il faut rattacher le statut immobilier, c'est-à-dire la détermination des immeubles, leur distinction avec les meubles, leur état civil (transcription).

Le droit statutaire constitue donc l'organisation légale des sujets de droit. Nous verrons, en effet, que les immeubles sont sous certains rapports, des sujets de droit.

2° Droit fonctionnel, comprenant l'étude des relations des sujets entre eux (droit moral), et celle des rapports qu'ils soutiennent à l'occasion des objets sur lesquels ils ont des droits ou des obligations. Cette partie comprend d'abord l'étude générale du rapport juridique, que nous exposerons dans ses grandes lignes, et se divise en :

3° Droit économique ;

4° Droit moral ;

5° Droit administratif privé, composé de l'ensemble des règles organisant les pouvoirs des maris, tuteurs, gérants, etc., de toutes les personnes administrant le patrimoine d'autrui, règles qui méritent d'être exposées dans une théorie d'ensemble ;

6° Théorie générale de la preuve, et ses applications dans les parties précédentes;

7° Procédure : théorie générale, et application aux parties qui précèdent, y compris les procédures spéciales du Code civil;

8° Dispositions pénales.

Ainsi compris, le droit civil se présente sous un aspect logique et clair qui permet l'élaboration de principes très généraux. Chaque partie n'a pas besoin pour être comprise de faire appel aux notions contenues dans les parties suivantes. Cependant, en ce qui concerne le droit économique, pour atteindre complètement ce résultat, il faudrait en éliminer l'influence exercée par les relations de famille sur les droits pécuniaires, et en réserver l'exposé à la suite du droit moral.

Quels sont les résultats les plus généraux auxquels est arrivée la doctrine au sujet du droit civil? Quelles sont les théories les plus synthétiques qu'elle ait élaborées? Ils consistent, croyons-nous, dans la distinction des droits en droits réels et droits de créance et dans la définition qu'elle donne de ces divers droits, définition qui peut être encore plus précisée et réduite à l'unité. De ces deux types de droits dérivent tous les autres. Si donc nous pouvons faire la synthèse du droit réel et du droit de créance, quitte à les distinguer par ailleurs, nous aurons une notion du droit qui sera le résultat de l'évolution tout entière de la pensée juridique.

1. — *Droit réel.* — Le type primitif du droit est le droit réel, conçu essentiellement comme un rapport direct entre un sujet et un objet, protégé par des sanctions pénales et civiles. M. Picard (*Le droit pur*) en a même fait le type général de tout droit et a été obligé, pour y ramener le droit de créance, de considérer les êtres humains comme objets, du moins en partie, ce qui nous paraît choquant. Historiquement, c'est le type juridique primitif, sur lequel étaient conçus les droits de puissance, d'autorité politique et même le droit de créance.

Cette conception tend à être abandonnée, et le droit réel est envisagé surtout comme un rapport entre le propriétaire et les autres membres de la société, tenus de l'obligation générale de respecter l'exercice de son droit.

2. — *Droit pénal.* — On peut rapprocher du droit réel le droit

pénal. Il consiste en un droit spécial appartenant à la Société, obligeant tous ses membres à respecter les prohibitions et à s'astreindre aux obligations positives qu'elle a formulées (1). L'objet de ce droit, c'est la peine.

3. — *Droit politique.* — La Société organisée sous forme d'État possède un certain droit d'autorité consistant à gouverner, à administrer. Dans les monarchies absolues le droit du souverain sur ses sujets est de même nature que le droit réel. De nos jours le droit d'autorité se rapproche de la forme obligationnelle, sans être parvenu à se définir complètement.

4. — *Droits de puissance.* — Ces droits, analogues au début, au sein des sociétés patriarcales, au droit du souverain sur ses sujets, ont évolué plus rapidement et ont revêtu de nos jours la forme obligationnelle. L'autorité maritale et paternelle ne conserve que des vestiges de ce type de droit.

5. — *Droits de créance.* — Ils sont essentiellement conçus comme un rapport entre sujets obligeant l'un envers l'autre à faire, donner ou ne pas faire. Ce sont eux qui ont permis de dégager la notion du *vinculum juris*, du rapport juridique, que nous croyons être l'élément fondamental du droit.

6. — *Droits personnels.* — Ces droits, qu'on peut ramener au droit de liberté, c'est-à-dire au droit pour une personne d'exercer librement son activité physique, intellectuelle ou morale dans les limites fixées par la loi, contiennent aussi un rapport entre le titulaire et les autres membres de la Société, y compris la Société elle-même (mais dans une mesure plus faible), comportant l'obligation de respecter cette liberté.

Le droit est donc essentiellement un *vinculum juris*, un rapport social. Est-il un rapport de sujet à objet ou un rapport de sujet à sujet? Le type du droit est-il réel ou obligationnel?

La tendance historique qui ramène peu à peu le type réel à l'autre est une indication précieuse. Il faut sans hésiter donner la préférence à la notion de rapport entre sujets. L'objet de ce droit pourra colorer diversement le droit spécial et dérivé que constitue par exemple le droit du vendeur, celui de l'usufruitier, etc.; mais la nature de l'objet est secondaire et n'influe pas sur la nature même du rapport juridique.

Nous pouvons définir le droit en général, en y comprenant

(1) Il faut rapprocher de ce type de droit les obligations purement morales, qui n'en diffèrent que : 1° parce qu'elles ne sont pas formulées expressément par la loi ; 2° leur sanction n'est pas exigée par la Société.

l'objet, sauf à préciser que ce terme a un sens encore vague : un rapport obligatoire entre deux ou plusieurs sujets, relativement à un même objet.

Un rapport comporte au moins deux termes : le droit n'est que le premier des termes du rapport juridique; le second c'est l'obligation ou le devoir. Le total c'est le rapport juridique, ou droit, au sens large.

C'est donc par abus de langage qu'on désigne le rapport juridique sous le nom de droit, au risque de lui donner un sens équivoque. Ce défaut de précision entraîne des conséquences fâcheuses. La question, par exemple, de savoir si le vote doit être rendu obligatoire reçoit deux solutions différentes à cause du double sens du mot droit, dans l'expression droit de vote. Si on prend « droit » dans le sens de pouvoir conféré à l'électeur, le vote ne peut légitimement être exigé de lui : on ne peut forcer personne à exercer son droit; on ne peut que l'obliger à remplir son devoir. Si au contraire on prend « droit » dans le sens de rapport juridique entre l'État et l'électeur, le mot droit de vote peut laisser croire que le pouvoir (droit au sens strict : premier terme du rapport) appartient à l'Etat et que l'électeur l'exerce par délégation. Il peut donc être obligé à voter.

Le mot devoir ne prête pas à la même confusion : c'est toujours le second terme du rapport. Il est même doublé du mot obligation, exprimant le devoir corrélatif d'un droit économique.

Le rapport juridique est donc l'élément irréductible du droit, c'est lui qui constitue le *quid proprium* du phénomène juridique et le distingue des autres phénomènes sociaux.

Entre qui existe le rapport? Entre deux ou plusieurs sujets actifs, titulaires du droit (*stricto sensu*), du pouvoir, et un ou plusieurs sujets passifs, débiteurs, astreints à l'obligation ou au devoir. On peut concevoir qu'il existe abstraitement entre le droit et le devoir et qu'on puisse élaborer une théorie abstraite du rapport juridique, qu'on puisse la rapprocher progressivement de la réalité du droit positif à l'aide de l'introduction progressive d'éléments concrets. Il en résulte que la nature du rapport juridique est toujours une, identique à elle-même, et ensuite qu'elle est identique au rapport moral.

Mais si la qualité même du rapport juridico-moral est invariable, il n'en est pas de même de sa quantité. Comme un courant électrique, il possède un voltage, une intensité variable. Le rapport de créancier à débiteur est plus énergique que le rapport entre un propriétaire et les autres membres de la société tenus d'une abstention négative générale. S'il n'est pas actuellement possible de mesurer cette intensité, on peut du moins y distinguer déjà plusieurs degrés, on peut dire que le droit de créance, lorsqu'il a pour objet une dation c'est-à-dire la création d'un droit éventuel de propriété au profit du créancier, est un droit de propriété à la seconde puissance. Comme un courant électrique encore, comme une masse de liquide qui s'écoule, le rapport juridique possède une étendue, un débit, second élément quantitatif : le rapport du propriétaire avec les non-propriétaires est plus étendu que le rapport de débiteur à créancier. L'intensité et l'étendue du rapport paraissent même à première vue varier inversement, sans que nous puissions établir encore dans quelle proportion, et il est possible que le produit de l'intensité par l'étendue permette plus tard, — quand la psychologie et la sociologie seront plus avancées, — de mesurer la force juridique.

Ces variations de quantité du rapport juridique tiennent au nombre des sujets, mais aussi à la capacité de chacun d'eux, à leur solvabilité, à leur valeur morale. Si la psychologie nous permettait de les chiffrer, nous pourrions élaborer une théorie mathématique du droit.

D'ores et déjà la doctrine peut s'inspirer de ces considérations. Ainsi la distinction classique du droit réel et du droit de créance nous paraît pouvoir être revisée. Le droit réel, dit-on, est absolu, et le droit de créance est relatif; le droit réel est opposable à tous, et le droit de créance au débiteur seulement. L'analyse est incomplète. Il n'y a d'abord pas de droit absolu ; non seulement l'individu ne jouit pas de sa liberté et de la propriété d'une manière absolue (à cause des restrictions légales ou de l'opinion publique), mais l'État lui-même n'en possède pas. Un droit est toujours limité par l'obligation corrélative qu'il entraîne. En outre, si le droit réel est opposable à tous, si tous sont tenus de respecter son exercice, il en est de même du droit de créance : tout le monde (sauf les réserves de l'art. 1167) est tenu de me laisser profiter du droit spécial que j'exerce contre mon débiteur. La vérité, c'est que le droit réel entraîne une obligation plus *étendue* que le droit de créance. Mais le droit réel (*stricto sensu*) est tout aussi limité que le droit de créance. Le pouvoir du propriétaire sur un fonds d'une valeur a est égal à celui d'un créancier contre un débiteur d'une somme a. La seule différence dans le droit, c'est que le droit réel peut s'exercer directement, et que le droit de créance a besoin du concours du débiteur pour profiter à son titulaire. Les autres caractères de ces deux droits découlent de cette observation : 1° si l'obligation du débiteur est précise et celle des non-propriétaires générale; 2° si le pouvoir du propriétaire s'exerce sur un objet déterminé et celui du créancier parfois sur une obligation de genre, c'est parce que la propriété s'exerce directement — et la créance indirectement. Le droit de créance (dation ou prestation d'un objet ou d'un fait évaluable en argent) n'est qu'un droit de propriété indirect, donc moins énergique en un sens (préférence moindre — pas de suite), mais muni d'une obligation corrélative beaucoup plus forte.

Le rapport juridique est obligatoire en lui-même, indépendamment des sanctions qui le protègent (Les *pacta nuda* — les obligations naturelles, — le droit international public sont dénués de sanction). Est-il obligatoire parce qu'il est un rapport social, ou bien tout rapport social obligatoire est-il obligatoire parce qu'il est juridique en son fond, bien que revêtu d'une forme spécifique (morale ou religieuse)? C'est là une question de sociologie générale que nous nous bornons à indiquer; nous estimons pour notre part, après avoir examiné les divers rapports sociaux, que tout rapport social obligatoire est juridique (l'a été, l'est, ou doit le devenir).

Il en résulte que le phénomène moral, lorsqu'on ne l'envisage qu'au point de vue de l'obligation individuelle qu'il impose, est identique au phénomène juridique. Il n'en diffère que par son imprécision. La Morale ne diffère du Droit qu'en étendue; elle est plus vaste, mais de même nature : une théorie juridique est toujours morale, et une théorie morale est appelée à devenir juridique si les circonstances le lui permettent. Le devoir moral suppose toujours comme corrélatif un droit au moins en germe au profit d'un individu ou de la Société. Un devoir qui n'aurait pas pour but de profiter à quelqu'un ou à la collectivité serait un non-sens.

Il résulte en outre de ce que les lois juridiques sont l'expression de la force juridique agissant sur des volontés individuelles, considérées comme des masses en mouvement sous son action, qu'il sera possible d'élaborer une mécanique sociale analogue à la mécanique générale, où les mobiles seront les volontés et les lois de leur mouvement les lois juridiques. Comme les lois juridiques et morales doivent tendre à se confondre, il est probable que les lois scientifiques et les lois morales finiront par se synthétiser dans une mécanique supérieure à laquelle la psychologie donnera une base concrète et solide. Ce jour-là la vérité morale et la vérité scientifique, que M. H. Poincaré (Préface de la *Valeur de la science*) croit destinées à ne jamais se rencontrer, s'harmoniseront au contraire dans l'expression de lois plus riches et plus profondes que celles que nous connaissons. Nous ne pouvons ici qu'indiquer ce point de vue, qui nous paraît entièrement conforme aux données philosophiques sur l'induction et les lois que notre constitution mentale impose aux phénomènes.

Indiquons sommairement les conséquences purement juridiques qui résultent de la définition du rapport juridique, de la notion du Droit qui nous paraît se dégager des théories auxquelles sont parvenus les jurisconsultes.

Les sujets du droit.

Le droit positif ne règle que les rapports humains. Les animaux en sont exclus, parce qu'ils ne forment pas avec nous une société homogène. Cependant l'homme et les animaux, surtout domestiques, constituent une association d'ordre inférieur, analogue (et plus naturelle) à celle qui existait entre le maître et ses esclaves. Cette société n'est-elle pas le siège de rapports quasi-juridiques? L'homme exige de l'animal des services, avec le sentiment qu'il a le droit de l'exiger. Ce droit n'entraîne-t-il pas pour l'animal le devoir de s'y soumettre? Si l'animal a des devoirs, pourquoi n'aurait-il pas de droits? Le Droit (qui peut très bien être philosophiquement conçu comme la projection dans nos consciences de la loi suprême qui régit l'Univers) est susceptible de degrés; au-dessous du droit humain il n'est pas absurde de concevoir l'existence d'un droit animal pratiqué par exemple dans les sociétés d'abeilles ou de fourmis; il peut y avoir un droit mi-animal, mi-humain, que d'ailleurs des Codes religieux antiques ont consacré (Picard, *Le droit pur*, p. 69). Le sentiment de la justice n'est pas l'apanage de l'homme, le chien le possède fort probablement. La conception humaine et la conception animale du droit sont sans doute séparées de tout l'intervalle qui distingue le sentiment de la raison, mais leurs racines doivent être communes. Inversement, il est possible que notre droit humain soit inférieur à un droit pratiqué par des sociétés éparses dans l'univers, nous dépassant d'autant que nous dépassons l'animal.

Quoi qu'il en soit, le droit ne s'applique qu'aux êtres humains, isolés ou réunis, aux personnes physiques, dont nous ne dirons rien, et aux personnes morales.

Trois théories principales se sont fait jour sur la nature de la personne morale. La plus ancienne, aujourd'hui en discrédit, les considère comme une fiction juridique. L'autre, à caractère réaliste, les considère comme des êtres doués d'existence concrète. Enfin M. Planiol méconnaît cette réalité et confond la personne morale avec son patrimoine, la propriété collective. Nous croyons qu'il est possible de concilier ces deux dernières thèses : il y a une réalité dans la personne morale, et parfois cette réalité est assez faible pour ne laisser paraître que le patrimoine commun, les biens collectifs.

L'individu n'est d'abord pas le seul sujet possible de droits. Cette conception d'individu comme seul titulaire de droits est philosophiquement erronée, et historiquement fausse. Sans nous étendre sur le point de vue physiologique que notre incompétence nous interdit de traiter, bien que nous puissions indiquer que l'individualité est le sujet de controverses très graves parmi les biologistes, il est certain, au point de vue psychologique, que la personnalité individuelle est tout aussi abstraite et fictive, — illusoire à la vérité, — que la notion classique de personne morale. Qu'il nous suffise de remarquer que dans certains états morbides, décrits par M. Ribot, la personnalité se dédouble, se détriple même. Inversement il n'est pas hors de l'observation de constater des âmes qui n'en font pour ainsi dire qu'une (phénomène assez fréquent chez des amants ou des époux fortement épris l'un de l'autre — société formée entre la mère et son nourrisson, où se pose le problème de savoir quand la personnalité de l'enfant se dégage de celle de sa mère, etc.), âmes qui sont aussi proches l'une de l'autre et aussi confondues, plus même peut-être, que les personnalités doubles des hystériques.

La société est une réalité au même titre que l'individu. Nous n'en connaissons pas la nature, mais nous en sentons la présence. La Société n'est pas la seule réalité qui dépasse l'individu; elle se compose d'ailleurs plutôt de groupes sociaux entremêlés que de personnes isolées, et tous ces groupes ont une réalité au même titre que l'individu, bien que d'une autre nature. Tout le problème juridique à leur occasion consistera à déterminer les conditions sous lesquelles le droit reconnaîtra à ces groupes une cohésion suffisante pour les ériger en sujets de droit. C'est un problème de législation qui devra s'inspirer de la psychologie et de la sociologie pour être résolu sérieusement.

Historiquement, il est remarquable de constater que la notion de sujet de droit a appartenu au groupe avant l'individu. Le titulaire primitif du droit de propriété c'est la *gens*, le clan, la famille. La notion juridique d'individu s'est lentement dégagée, a évolué pour atteindre son apogée au XVIIIe siècle et se faire consacrer par la Révolution; elle paraît avoir atteint son maximum et devoir se restreindre devant la consécration progressive des droits des collectivités toujours surgissantes au sein de la Société.

Parmi les groupes sociaux sujets de droit il en est de permanents, d'organiques, qui se sont dégagés de bonne heure. Ce sont surtout la famille et l'État, la première aujourd'hui déchue de sa personnalité et la seconde en voie probable d'accroissement. La preuve que la famille était une personne morale se retrouve dans l'histoire, notamment au point de vue pénal par la solidarité de ses membres dans le droit germanique, au point de vue économique par la copropriété familiale, dont la notion bien comprise du patrimoine n'est que la survivance, surtout apparente dans le droit successoral. La famille moderne, réduite au couple humain et à sa progéniture, n'est plus reconnue, à tort croyons-nous, comme une personne juridique.

C'est que notre droit positif ne reconnaît pas toutes les collectivités; il y en a qui n'ont qu'une existence éphémère, d'autres qui n'ont pas de patrimoine, et dont il ne s'occupe pas. La plus vaste est la plus haute de ces personnes, c'est l'État, ou la nation, ou la Société. C'est elle qui est le sujet dans le droit international public, le titulaire du droit de punir, du droit d'autorité politique. Elle est aussi grevée d'obligations et de devoirs vis-à-vis des autres groupes et de l'individu. Au-dessous, et en la considérant au point de vue politique, elle se subordonne les personnes administratives, commune, département et leurs variétés. Au point de vue civil elle contient diverses sociétés, associations, syndicats, etc., soumis à des conditions spéciales pour devenir sujets de droit : l'État ne reconnaît pas indistinctement tous ses enfants.

Les objections principales qu'on dirige contre la réalité de la personne morale, c'est d'abord que ces collectivités n'ont pas de relations de famille comme les individus, et qu'elles constituent uniquement une masse de biens à l'état de propriété collective. Si ces personnes n'ont pas de relations de famille, c'est bien naturel : la famille elle-même a été une personne morale. Il est logique que les relations juridiques d'ordre moral qui existent entre ses membres lui soient spéciales et ne puissent s'appliquer aux personnes morales entre elles. Mais précisément, il faut remarquer qu'il existe au sein de ces autres collectivités, et entre les individus qui les composent, des relations morales consacrées ou non par le droit positif, du même ordre que les relations entre les membres d'une même famille. Au lieu d'être un argument contraire à notre thèse, cette objection la corrobore au contraire. En ce qui concerne la propriété collective, nous serions bien embarrassés de dire en quoi consiste la personnalité juridique d'un syndicat ouvrier, pourtant incontestée, lorsque le capital social de ce syndicat est égal à O, ce qui n'est pas exceptionnel.

La vérité c'est qu'il y a entre la personne morale et la propriété collective la même relation qu'entre l'individu et son patrimoine (*lato sensu*). La propriété privée est le mode afférent à l'individu isolé, la propriété collective le mode particulier de ce droit lorsque le titulaire est une collectivité. La propriété collective n'est donc pas elle seule la personne morale : elle n'est que son patrimoine.

Nous proposons de reconnaître sous le nom d'intérêts sociaux concrétisés divers autres sujets de droit, parmi lesquels les immeubles et les navires.

Les immeubles sont réellement et dans certains cas de véritables sujets, titulaires de droits et débiteurs d'obligations. Les servitudes reposent pour ainsi dire sur la tête d'un immeuble, non sur celle de son propriétaire. Il en est de même des obligations nées du voisinage. Les immeubles ont un état constitué par la désignation, parfois un nom, la contenance, les confrontations, état constaté par de véritables actes de l'état civil qui sont les registres de transcription. Ils ont aussi une sorte de capacité, ils sont libres ou bien grevés de servitudes de privilèges et d'hypothèques.

Les navires ont aussi un nom, ils ont même un âge, un domicile et une nationalité : ils peuvent être grevés personnellement d'obligations. Il suffit de se référer aux théories de l'abandon et de délaissement pour en être convaincu.

Y a-t-il là un échec au principe de bon sens d'après lequel les droits ne profitent en définitive qu'aux individus? Non. Il est bien évident qu'on ne saurait attribuer aux immeubles et aux navires l'émolument d'un droit dans leur intérêt propre. Mais si l'on veut élaborer une théorie déductive et abstraite du Droit, ce qui est possible avec les éléments innombrables aujourd'hui accumulés, il est extrêmement commode de considérer dans certains cas ces objets comme des sujets, pour généraliser certaines règles juridiques et en réduire le nombre.

Les principaux attributs de la personnalité sont le nom, l'état, la capacité, le domicile, le patrimoine.

L'état est généralement considéré comme une qualité de la personne, créatrice d'effets juridiques, et qu'on divise en états au point de vue de la nationalité, de la famille, et état personnel. Il n'est pas en réalité une qualité juridique caractérisant une personne. C'est plutôt une expression elliptique commode résumant un ensemble de faits, sources de droits et d'obligations. Cette notion aurait le plus grand avantage à être étendue. On pourrait y joindre l'état civique, mais on pourrait sous le nom d'état juridique comprendre l'ensemble des dispositions statutaires spéciales à un sujet donné.

La capacité a été définie l'aptitude à devenir le sujet de droits (et d'obligations) et à les faire valoir. Elle comprend deux degrés : la capacité de jouissance et la capacité d'exercice. Le principe de notre droit c'est que toute personne est capable sauf exception positivement formulée; l'incapacité complète n'atteint en général que l'exercice du droit. Ce principe est la conséquence d'une nécessité pratique. Il est en effet d'une expérience courante de constater que, dans les affaires, jamais les parties ne sont égales, ni par l'instruction, ni par l'éducation juridique, ni par la moralité, ni par la volonté, et si le juge pouvait avoir une pénétration d'esprit et des moyens d'information supérieurs, on pourrait lui permettre d'apprécier dans chaque affaire la capacité de chaque partie *in concreto*, telle qu'elle s'est manifestée au moment de la conclusion d'un acte juridique, tout comme on tend à rechercher la responsabilité pénale réelle et vraie. C'est là un idéal de justice probablement irréalisable et auquel le droit positif a dû substituer des équivalents approchés de formation historique. Ces procédés pour ainsi dire mécaniques d'appréciation de la capacité se résument en trois grandes classes : le système des classes d'incapables, généraux ou spéciaux, — celui des incapacités spéciales très variées dans leurs conditions et leurs effets, enfin la théorie des vices du consentement qui n'est pas seulement relative à la formation des actes juridiques, mais est au fond une partie de la détermination de la capacité. Le principe que la capacité est la règle ne s'applique d'ailleurs parmi les sujets de droit qu'aux individus (jamais aux collectivités, sauf l'Etat) majeurs, sains d'esprit et non mariés (s'ils sont du sexe féminin).

La notion de sujet de droit est extrêmement riche et son étude complète exigerait de longs développements. En fait la question relative à la détermination du sujet du droit en général n'est pas résolue. Le droit réside-t-il en définitive dans l'individu, dans la société ou les groupes sociaux? Ces thèses ont été soutenues tour à tour et ont reçu dans l'histoire des solutions alternatives. La question dépasse d'ailleurs l'ordre juridique : elle est aussi bien morale et métaphysique. Le rapport juridique comprend toujours deux termes : droit et devoir, aussi inséparables que le corps et l'ombre qu'il projette, bien que l'éclat du droit ait parfois obscurci l'ombre du devoir. La question est donc double et n'a de sens qu'à condition de déterminer en même temps que le sujet du droit l'assujetti au devoir; elle se complique d'ailleurs par suite de l'imprécision du mot « droit », signifiant tantôt le rapport juridique, tantôt le premier terme de ce rapport. Il en résulte que tant que la théorie des devoirs n'aura pas la précision de celle des droits, cette question sera toujours en suspens.

Les objets du droit.

Toute la nature, et tous les rapports sociaux, y compris les rapports juridiques, peuvent être l'objet d'un droit, sauf les personnes physiques, mais sous une exception. Elle est relative à la peine de mort. L'objet du droit de punir, c'est la peine. Or dans ce cas la peine se confond avec la vie même du criminel, qui devient ainsi l'objet même du droit qui appartient à la société. C'est peut-être au fond la répugnance de l'esprit à voir une personne être l'objet d'un droit quel qu'il soit, fût-il aussi sacré que celui de la défense sociale, qui inspire les arguments des partisans de l'abolition de la peine de mort.

Mais pour être l'objet d'un rapport juridique, il faut certaines conditions. Le droit ne connaît les objets qu'en fonctions de certaines qualités, et pour en avoir une vue d'ensemble sommaire il est commode de procéder à une classification de ces objets.

La division principale qui nous paraît devoir dominer la matière est celle en objets économiques et objets moraux. Cette division embrasse tout le droit, et a une valeur plus considérable que la distinction du droit en public et privé. Ainsi le droit pénal, qui a un objet principalement moral : la peine, est subordonné à cette division. La peine peut être un objet d'ordre économique lorsqu'elle a pour but de protéger les monopoles exercés par l'État, dans un but surtout fiscal.

Les règles juridiques applicables à ces deux classes d'objets leur sont ou bien communes — ou bien spéciales. Les premières constituent le droit commun. Les secondes constituent l'une le droit économique, l'autre le droit moral, embrassant le droit familial et en partie le droit public. Les règles du droit économique ne doivent jamais influer sur les règles du droit moral, mais la proposition inverse n'est pas vraie. Le droit positif, pour sauvegarder ce principe, a formulé diverses règles concernant les unes la distinction des choses qui sont dans le commerce (objets économiques) et de celles qui n'y sont pas; d'autres portant des prohibitions d'aliéner — ou de former des contrats juridiquement valables portant sur des objets moraux, lorsque ces contrats sont spéciaux au droit économique (art. 6, C. C.).

Les règles du droit économique sont celles où peut se déployer la rigueur déductive de raisonnement juridique. Cependant il est désirable que la partie morale du droit vienne tempérer cette rigueur et introduire dans les décisions purement logiques découlant des principes des considérations d'équité nécessitées par les contingences.

A quoi reconnaître le caractère économique d'un objet? Juridiquement, le fait qu'il est susceptible de propriété privée suffit à le déterminer. Mais à quoi reconnaît-on qu'un objet peut être soumis à ce droit? L'Économie politique classe les objets dont elle s'occupe en produits et services, constituant l'ensemble des richesses. La monnaie en laquelle peuvent toujours se convertir ou tout au moins s'évaluer les richesses permet de proposer comme critère du caractère économique d'un objet le fait qu'il est évaluable en argent. Cependant des faits moraux font l'objet de transactions monétaires illicites — et d'autre part des objets économiques par leur nature peuvent être l'objet de relations juridiques d'ordre moral. Indépendamment du caractère économique d'un objet reconnaissable à ce qu'il est évaluable en argent et peut être soumis à la propriété (si c'est un objet matériel), il y aurait à rechercher le signe distinctif du caractère économique d'un rapport juridique : nous croyons qu'il consiste en ce qu'il doit d'abord avoir un objet économique, et en outre avoir pour but l'intérêt exclusif du sujet.

Quoi qu'il en soit, le droit ne connaît pas cette classification, tout au moins il n'en a pas conscience et il use de celle en biens et faits de l'homme.

Les biens sont par leur nature purement économiques, et se classent en :

1° biens corporels ou incorporels. Les premiers sont les produits de l'Économie politique, les seconds sont les droits (*stricto sensu*). Cette distinction, justement critiquée par M. Planiol, est inutile. Le seul intérêt pratique qu'elle présente, l'impossibilité de revendiquer les meubles incorporels, peut se justifier, s'expliquer sans y avoir recours. En effet, les meubles incorporels sont des droits; or les droits sont protégés par des actions spéciales variables, parmi lesquelles la revendication, sanctionnant le droit de propriété. Il est donc naturel qu'on revendique le droit de propriété sur les *meubles*, mais il est absurde de vouloir revendiquer un droit (*meuble incorporel*) autre que celui de propriété. Et comme le droit de propriété porte *toujours* sur un objet matériel, un meuble corporel, ou un immeuble, il est inutile de se servir de cette distinction.

2° biens publics ou privés, d'après le caractère du sujet qui en est propriétaire ;

3° biens meubles et immeubles, distinction très importante par ses conséquences, et qui ressort du droit statutaire.

Les biens corporels (il n'y en a pas d'autres) se subdivisent en :

1° choses consomptibles par le premier usage, et celles qui ne le sont pas, analogue à la distinction économique du capital fixe et du capital circulant. Les premières sont celles dont le titulaire épuise toute l'utilité en une seule et première fois par une distinction soit matérielle soit juridique. Cette distinction présente un intérêt restreint aux cas d'usufruit et de prêt ;

2° choses fongibles et choses non fongibles, les premières étant celles qui ont la même valeur libératoire à savoir, outre la monnaie les choses qui se pèsent, se comptent ou se mesurent;

3° les choses appropriées et les choses vacantes. Ces dernières se subdivisant en choses communes (inappropriables par nature) et choses sans maître.

La seconde catégorie d'objets comprend les faits de l'homme, c'est-à-dire les services (économiques) et les relations morales. Le droit les classe indifféremment en faits négatifs : abstentions et faits positifs : prestations. Ces derniers se subdivisent en prestations proprement dites et dations; celles-ci portent toujours sur un objet économique.

Il y aurait intérêt à faire pénétrer dans cette classification un nouvel élément relatif aux obligations à objet moral. C'est la notion de manière d'être, comportant un ensemble de faits, soit positifs, soit négatifs. Ainsi le droit pour le mari d'exiger la fidélité de sa femme ne comporte seulement pas pour cette dernière l'abstention précise de l'adultère, mais une manière d'être générale consistant en outre à ne pas commettre d'imprudences, de légèretés (sur lesquelles la jurisprudence se base parfois pour asseoir une décision de divorce), et même, aux termes de désirs non formulés en lois, mais exprimés dans la littérature et la presse, l'obligation positive d'avoir une manière d'être affectueuse pour son mari. L'honneur et le respect que le Code impose à l'enfant à l'égard de ses père et mère consistent également en une manière d'être, objet du droit qu'ont les parents de l'exiger. La peine, objet de droit pénal, consiste souvent en une manière d'être plutôt que dans un fait isolé imposé au délinquant.

La doctrine a précisé les caractères que doit présenter un objet pour être soumis au Droit. Les objets doivent être :

1° déterminés, ou tout au moins déterminables (au cas d'obligations de genre). Il serait désirable que la détermination de la manière d'être dans les obligations morales imposées par la loi fût plus précise qu'elle ne l'est dans la doctrine;

2° possibles;

3° licites (pour les peines on dit : légales). En droit civil l'appréciation de ce caractère est abandonnée à l'arbitrage souverain du juge du fait, qui se guide d'ailleurs sur la moralité courante;

4° personnels au débiteur;

5° enfin la peine, spécialement, doit être égale pour tous.

Relations des sujets avec l'objet.

Il faut distinguer du rapport juridique même les relations de fait des sujets avec l'objet. Ces relations sont économiques ou morales, positives ou négatives, générales ou particulières, familiales, politiques ou sociales, et leur étude ressort plutôt de la sociologie (y compris la morale et l'économie politique) que du droit ; elles n'ont rien de juridique en elles-mêmes et ne le deviennent qu'en faisant la matière d'un rapport juridique. Ce rapport, qui est l'essentiel du droit, apparaît donc comme ayant pour but d'harmoniser les relations individuelles entre elles et ces mêmes relations à l'occasion des richesses sur lesquelles elles peuvent porter. Il n'y a pas de théorie d'ensemble de ces relations ni dans la sociologie, ni dans le droit, parce qu'elles n'ont pas été suffisamment distinguées du rapport juridique qui leur prête sa forme, mais qui doit en être abstraitement séparé, ni de l'objet même à l'occasion duquel se forme ou s'applique ce rapport, faute d'une analyse assez complète.

Pour mieux faire ressortir l'existence de ces divers éléments d'un droit : rapport — sujets — objets — relations sujets-objet, recherchons-les dans divers types de droits.

En matière de droits réels les sujets sont d'un côté le propriétaire par exemple, de l'autre les non-propriétaires. Ces derniers sont unis avec le premier par un rapport dont l'effet est de déterminer la limite des relations entre les sujets et l'objet. Ces relations, de la part des non-titulaires, consistent uniquement dans une *abstention*. Cette forme de relation — l'abstention — est à la base de la plupart des droits pénaux et moraux. La relation du propriétaire avec l'objet est connue en droit sous le nom de *possession*. La nécessité de dégager ces relations de fait sujets-objet du rapport juridique est si forte que le droit a été obligé de le faire pour les droits réels et d'appliquer *mutatis mutandis* la théorie de la possession aux droits personnels, en créant la possession d'état. La possession, qui est l'exercice normal du droit de propriété, n'a rien de juridique en elle-même, comme toutes les autres relations sujets-objet. Elle peut être exercée en dehors de tout rapport juridique par un possesseur de fait ; mais en raison de nécessités pratiques la loi lui accorde sa protection à condition qu'elle ne soit ni clandestine, ni équivoque, et qu'elle soit continue et paisible, caractères qui par leur réunion confèrent à cette possession l'apparence même de l'exercice du droit de propriété. Inversement un propriétaire peut être dépouillé de la possession. En elle-même la possession s'analyse en des actes de nature très variée consistant à retirer de l'objet auquel elle s'applique tous les avantages qu'il est susceptible de procurer au possesseur. Ici la distinction entre le rapport juridique d'une part — les relations sujets-objet d'autre part, — et l'objet lui-même est très nette et consacrée par le droit.

Il n'en est plus de même si nous envisageons les divers types de droits comportant une obligation précise de faire ou de s'abstenir.

Cependant elle est tout indiquée dans les obligations de donner, variantes des obligations de faire. Le débiteur est obligé envers le créancier par un *rapport* dont l'effet est de consacrer entre eux les *relations* suivantes : le débiteur procure l'objet de l'obligation au créancier, qui l'obtient. La relation du débiteur avec l'objet est une *procuration*, celle du créancier avec l'objet une *obtention*. Dans la possession ces deux relations se confondent en une seule : le possesseur se procure à lui-même et obtient directement de la chose l'utilité qu'elle comporte.

Appliquons ces données au cas plus complexe d'un droit comportant une obligation de faire. Supposons un bail, engendrant au profit du preneur un droit consistant à obliger le bailleur à le faire jouir. Le rapport juridique se distingue aisément de l'obtention par le preneur des actes de jouissance auxquels il a droit et de la procuration de ces actes par le bailleur. Quant à l'objet il consiste, non point dans l'immeuble, qui est l'objet du contrat de louage envisagé dans son ensemble, et qui est plutôt l'occasion, la condition de l'exercice des droits du preneur, mais dans les faits précis de jouissance que ce dernier peut exiger de son propriétaire.

Au cas d'obligation d'abstention l'analyse distingue les mêmes éléments. Mais l'obtention du créancier est l'obtention de l'inverse de l'objet considéré; la procuration de la part du débiteur est aussi la procuration de l'inverse de cet objet. Ainsi, si un individu s'est engagé à ne pas bâtir sur son terrain, pour ne pas gêner la vue de son créancier, de son voisin, l'objet c'est le fait de bâtir, l'ensemble des actes concrets qui constituent l'édification d'un immeuble. Le débiteur procure à son créancier, non ce fait, mais la négative de ce fait, et c'est ce qu'obtient le créancier.

En matière d'obligations à objet moral le raisonnement est toujours le même. Seulement l'objet de ces obligations est presque toujours immatériel et abstrait et se confond avec les relations même entre les sujets. Ce n'est que par l'analyse qu'on peut arriver à le créer, de manière à faire subir à ces droits les règles générales communes à tous les rapports juridiques. Toutes ces obligations se résolvent en définitive en des relations actives ou négatives, mais qui ont un objet : on est obligé par suite d'un rapport juridique de faire *quelque chose* en faveur de quelqu'un ou de ne pas commettre un *acte* en faveur de la collectivité. C'est ce quelque chose, cet acte, qui sont l'objet qu'on procure, ou qu'on ne doit pas procurer, que le créancier (*lato sensu*) obtient ou a le droit de ne pas obtenir.

Influence de la notion de rapport juridique sur la théorie de la source des obligations et des droits, de leur transmission et de leur extinction.

Le rapport juridique, au sens précis où nous l'avons pris jusqu'ici, a une évolution extrêmement lente. Depuis que la notion du *vinculum juris* s'est dégagée, elle n'a pas sensiblement varié et ne pourrait le faire que s'il était admis que le rapport juridique et le rapport moral coïncident.

Étendons le sens de ce terme de même qu'on a étendu celui du mot droit, avec cette différence qu'il n'y aura pas ici de confusion à craindre, et désignons dorénavant sous ce nom non seulement le lien de droit, mais l'ensemble des sujets, de l'objet et des relations réciproques qu'ils soutiennent, et demandons-nous quelle est l'évolution de ces rapports.

Il faut alors distinguer les rapports juridiques abstraits (droit objectif), et les rapports juridiques concrets (droits subjectifs).

En ce qui concerne les premiers, leur évolution est d'ordre historique. Il est très rare d'assister à la création de nouveaux rapports. Le rapport juridique désigné sous le nom de droit de propriété, par exemple, n'a pas sensiblement varié depuis la promulgation des Codes civil, de commerce et des lois administratives et pénales. La source de ces rapports, c'est la coutume, la loi, parfois les contrats (à cause du principe de la liberté des conventions); encore cette dernière source est-elle très limitée et ne fonctionne-t-elle qu'à des intervalles très éloignés. Nous assistons à la création de rapports de cette nature sous l'influence de la coutume et des contrats depuis la reconnaissance du droit de grève. Il y a là des rapports dont la théorie n'est pas complètement élaborée et que l'effort synthétique de la doctrine tendra à ramener aux formes anciennes et consacrées.

En ce qui concerne les rapports concrets, les sources sont les mêmes. Un contrat crée à la fois l'obligation du débiteur et le droit du créancier, c'est-à-dire un rapport juridique. La loi est un contrat permanent et préétabli, bien qu'elle en diffère notablement en ce qu'elle n'a pas besoin du consentement exprès des personnes à qui elle impose des obligations; mais elle possède avec lui ce caractère commun d'être la source de rapports juridiques non complets. Toutes les sources autres que la loi (la coutume) ou le contrat sont impuissantes à créer un rapport juridique et ne peuvent que le modifier.

Examinons rapidement la théorie de la source des obligations exposée par M. Planiol. Il ramène d'abord le quasi-contrat, le délit et le quasi-délit à la loi, de sorte qu'il ne reste que deux sources d'obligations, le contrat et la loi. Cette analyse est exacte, mais incomplète : on ne peut opposer le contrat à la loi comme source d'obligations. Le contrat n'a de valeur que s'il est licite; la loi qui le régit est la source primitive des obligations qu'il consacre, et le contrat n'est qu'une source dérivée.

Au contraire, le délit, le quasi-délit et le quasi-contrat possèdent un élément commun qui peut faire la contre-partie du contrat : c'est la faute. Il y a enfin une troisième source dérivée, du même ordre que le contrat et la faute, c'est l'état, source des obligations de famille, des obligations du voisinage des immeubles, etc. De sorte que tout en reconnaissant comme source unique et primitive des obligations la loi, on peut cependant classer les sources dérivées en contrats, faute, et état.

Or, parmi ces sources dérivées, le contrat seul crée à la fois un droit et une obligation c'est-à-dire un rapport juridique. Au contraire la faute n'est la source que d'obligations, le droit corrélatif étant préexistant; l'état ne crée de même que des obligations ou des droits, les droits ou les obligations corrélatifs étant préexistants. L'opposition du contrat à la loi est donc fondée, mais à condition de la faire ressortir.

Il n'y a pas dans la doctrine de théorie sur la source des droits.

Les droits de famille dérivent du mariage ou de la filiation, c'est-à-dire d'un contrat ou de l'état. Le mariage est un contrat qui crée non seulement des droits, mais des obligations, c'est-à-dire des rapports juridiques. L'état est bien la source des droits de parenté, et non le fait naturel de la naissance : en effet la filiation naturelle ne donne pas de droits; il y faut un acte de volonté, la reconnaissance dans les formes légales, qui crée un état juridique.

Les droits réels se transmettent plutôt qu'ils ne se créent. Le rapport juridique qui constitue le droit de propriété est d'ailleurs préétabli : l'objet sur lequel il porte a une existence indépendante; l'obligation générale d'abstention qui grèvera les non-titulaires au profit d'un propriétaire est préexistante au droit de ce dernier. Toutes les fois qu'un droit de propriété est transmis, il y a plutôt une subrogation personnelle qu'une création de droit : le propriétaire apparaît ainsi plutôt comme un fonctionnaire que comme une personne revêtue d'un droit propre et personnel qui lui serait conféré. Le seul cas où il y ait la création d'un droit nouveau c'est l'occupation. L'occupation consiste dans une prise de possession avec la volonté de le conserver conformément au droit, c'est-à-dire à la volonté collective. Ce qui fait naître le droit de l'occupant, ce n'est pas la prise de possession, c'est l'adhésion de la volonté collective à la sienne; c'est cela seul qui le distingue du voleur.

Toutes ces sources de rapports juridiques, de droits ou d'obligations peuvent en définitive se ramener à une seule : la volonté.

Le contrat est un accord de volontés individuelles dans un but juridique, c'est-à-dire en concours avec la volonté collective exprimée par le droit, qui formule les conditions de son adhésion.

L'état est l'expression de cette volonté collective, qui crée directement des droits et des obligations au profit ou à la charge des personnes lorsqu'elles se trouvent dans les situations prévues par le droit statutaire, avec ou sans le concours de leurs volontés, selon les cas.

La faute est la source d'obligations à la charge des personnes qui manifestent une volonté contraire à la volonté collective. Si la volonté unilatérale est impuissante à créer une obligation en s'ajoutant à la volonté commune, elle le peut en s'y soustrayant.

Les sources dérivées des droits réels : adjudication, testament, accession, usucapion, se ramènent aisément à ces trois manifestations de volonté. L'adjudication est une variété du contrat, c'est un contrat judiciaire. Le testament est l'expression licite d'une volonté, l'accession est une détermination du titulaire par la loi : il rentre comme source de droits dans l'état. L'usucapion nous met en présence d'un nouvel élément : le temps. Le temps a pour effet d'habituer la volonté collective à l'état de fait et de le transformer progressivement en état de droit. Il joue dans la création des droits subjectifs le même rôle que la coutume dans la création du droit objectif. Il est basé sur la loi psychologique de l'habitude : au lieu que la volonté collective adhère immédiatement à la prise de possession comme dans l'occupation, elle n'adhère que peu à peu au cas d'usucapion à cause de la présence d'un titulaire antérieur ; mais la source du droit est toujours un concours de la volonté individuelle avec la volonté collective.

La volonté est donc la seule source des rapports juridiques. Mais alors que la volonté collective est capable à elle seule non seulement de créer le droit objectif, mais aussi des droits subjectifs (droit dérivant de la loi : état, lorsqu'il résulte d'un phénomène naturel et involontaire), la volonté individuelle est impuissante si elle est isolée à créer un droit ou une obligation. Elle ne le peut que :

1° Si elle obtient l'adhésion de la volonté collective, soit instantanée (occupation) soit progressive (prescriptions).

2° Si elle s'unit à une autre volonté individuelle (convention) en concours avec la volonté collective (condition de validité des conventions de forme et de fond).

3° Si elle se soustrait à la volonté collective (faute).

Dans le premier cas il n'y a la création que d'un droit ; dans le troisième que d'une obligation ; dans le second il y a la création d'un rapport juridique complet.

La création des droits peut ainsi s'exprimer pour ainsi dire algébriquement par des additions ou des soustractions de volonté. On peut, en empruntant le langage de la physique, comparer l'état juridique d'une société à un moment donné à un potentiel électrique défini, susceptible de variation. Le droit aurait alors pour but l'étude du champ, de l'intensité et des variations de ce potentiel en fonctions des volontés individuelles ou collectives : le droit statutaire étant l'étude du potentiel en lui-même, le droit fonctionnel l'étude de ses variations.

Il en résulte que la théorie fondamentale du droit est celle de la volonté juridique.

La volonté individuelle est en elle-même d'ordre psychologique et le droit sera obligé de plus en plus de faire appel aux résultats de la science psychologique pour déterminer les conditions que cette volonté doit présenter au moment de la création d'un droit ou d'une obligation (1). Pour savoir si la volonté existe, si

(1) Cette création qui cause un phénomène sociologique : un droit, est

elle est déterminée librement, il ne suffira plus de se contenter des données empiriques monumentées dans les Codes ; il faudra, pour atteindre un degré de perfection juridique compatible avec l'état d'avancement de la civilisation, ériger en lois les données les plus certaines de la science à mesure qu'elle sera à même de les fournir.

La volonté collective est beaucoup moins connue que la volonté personnelle parce qu'elle est plus vague et nous dépasse de beaucoup. C'est à la sociologie qu'il appartiendra de formuler les règles que le droit devra sanctionner au sujet de sa capacité, des conditions sous lesquelles elle peut légitimement créer directement des droits ou des obligations.

Enfin la théorie de l'accord des volontés, soit des volontés individuelles entre elles, soit des volontés privées avec la volonté publique, dérive directement des conclusions qui sont posées au sujet de la capacité des uns ou des autres. Le droit a monumenté quelques règles concernant les conditions sous lesquelles la volonté collective pourra créer le droit objectif (droit législatif); celles sous lesquelles les droits subjectifs seront acquis *de plano* (droit statutaire) ; celles régissant la création des rapports juridiques (théorie des actes juridiques) ; celles déterminant les cas où il y a faute. Mais il n'y a pas encore de théorie synthétique embrassant l'ensemble de ces conditions; notamment il n'est pas établi si les règles des contrats, des conventions (forme, représentation, théorie des ayants-cause, simulation, etc.) sont applicables au concours des volontés privées avec la volonté collective dans le cas où elle est nécessaire pour créer un droit ou une obligation.

La conception bien comprise du rapport juridique influe non seulement sur la théorie de la source, mais aussi sur celles de la transmission et de l'extinction des droits et des obligations.

La transmission d'un rapport juridique concret est inconcevable. Le rapport subit les modifications soit dans les sujets, soit dans les objets, soit dans les relations sujets-objet, et selon les

le résultat de concours ou de désaccord de volontés privées, c'est-à-dire la résultante de phénomènes psychologiques. Cet aperçu est de nature à faire échec à la théorie de M. Durckheim sur le passage brusque, le défaut de continuité entre le psychologique et le sociologique (Règles de la méthode sociologique). De plus ce concours ou ce désaccord sont des phénomènes quantitatifs d'ordre psychologique qui entraînent un changement de qualité de ces phénomènes, devenus sociologiques. Il y a là les éléments d'un problème fort intéressant.

cas on dit qu'il y a transmission de droits ou d'obligations, ou extinction des uns ou des autres. C'est que les rapports juridiques concrets n'ont pas tous la même stabilité, la même permanence.

Après l'étude du rapport dans l'espace, c'est-à-dire celle de son étendue et de son intensité, il y aura lieu d'élaborer celle du rapport dans le temps, c'est-à-dire les variations de durée qu'il subit. La différence qui sépare la conception doctrinale du droit de notre conception du rapport juridique, c'est que la doctrine pose l'individu comme un centre par rapport auquel elle expose les variations des droits et des obligations qu'il subit ou qu'il crée, — alors qu'il nous paraît préférable de prendre préalablement comme centre le rapport juridique lui-même et d'étudier ses variations quantitatives et évolutives pour appliquer les résultats de cette théorie abstraite et préliminaire aux cas concrets, aux individus et aux collectivités sujets le droit.

Supposons une modification dans le sujet du rapport — et éliminons les modifications internes — c'est-à-dire celles de sa capacité, de sa *valeur* juridique (1). Deux hypothèses sont possibles : le sujet meurt ou bien il cède son droit (la cession entre-vifs d'une obligation n'est pas envisagée dans notre droit positif). Au premier cas il y a transmission à cause de mort. Si elle a lieu à titre universel, le rapport n'est pas modifié : le changement du titulaire est considéré comme n'ayant sur lui aucune influence; c'est la fiction de la continuation de la personnalité juridique du défunt par l'héritier. Si la transmission a lieu entre-vifs, ou à cause de mort mais à titre particulier, le rapport est en général modifié dans une certaine mesure : il ne subsiste pas tel quel. Il peut aussi se produire le cas de l'extinction du rapport par la mort du sujet : cela a lieu lorsque les droits ou les obligations d'une personne sont dits intransmissibles : ils sont en général extrapatrimoniaux, non économiques et supportent un intérêt moral.

Une modification dans l'objet entraîne des conséquences variables. Sa destruction est parfois la cause de l'extinction du rapport : c'est le cas de l'extinction des obligations par la perte de l'objet survenant par cas fortuit ou force majeure, de la perte d'un droit réel par la destruction de l'objet. Mais il peut arriver,

(1) Dans une théorie complète du rapport juridique la capacité ou valeur juridique devra s'exprimer en fonction soit de la valeur économique, soit de la valeur morale du sujet, non pas telle qu'elle existe concrètement, mais telle que la Société l'attribue à ce sujet.

au cas de faute (ou demeure) du débiteur, au cas où un immeuble est assuré, etc. — que le rapport juridique en disparaissant laisse la place à un nouveau rapport : créance de dommages-intérêts, créance sur l'indemnité d'assurance. Il y a une sorte de novation du rapport, de même qu'en matière de transmission de droits il y a plutôt subrogation personnelle dans un rapport juridique.

Les relations sujet-objet peuvent être rendues impossibles : il y a extinction de ce rapport par impossibilité d'exécution. Au cas de faute il y a novation, la faute créant une nouvelle obligation, et la partie restante du rapport subsistant dans la mesure du possible. La perte de l'objet dans les rapports où cet objet est immatériel et consiste en une action ou une abstention se confond pratiquement avec l'impossibilité des relations sujet-objet. Cependant il y aurait lieu de faire intervenir la notion de but comme support de ces relations, comme substitut de l'objet; mais c'est là un point qui se rattache plutôt à la théorie de la cause dans les contrats sur laquelle nous proposons de revenir.

La volonté, source du rapport juridique, peut être atteinte et entraîne la disparition du rapport, soit du droit, soit de l'obligation. C'est le cas des résolutions, révocations (contractuelle : résiliation; remise de dette, ou judiciaire : annulations). Elle peut être progressive et ne se manifeste qu'en fonction du temps : c'est le cas des prescriptions qui éteignent les droits (actions) et les obligations.

Les effets du rapport juridique.

L'effet général et normal d'un rapport juridique est de permettre au titulaire du droit d'en retirer l'émolument et d'astreindre l'obligé à l'exécution de son obligation. Ainsi la propriété a pour effet de permettre au propriétaire d'opérer sur la chose soumise au droit tous les actes licites de nature à lui procurer l'utilité qu'il en attend; elle oblige en outre les personnes autres que le propriétaire à respecter l'exercice de ce droit.

L'effet du droit se borne uniquement à la permission que la Société accorde à son titulaire d'en user. C'est dans ce sens qu'on dit : j'ai le droit de faire telle chose. Au cas où ce droit n'a pour corrélatif qu'une obligation générale d'abstention à la charge des non-titulaires (droits réels; droits individuels attachés à la personne), cet effet constitue le seul avantage que procure l'existence de ce droit. Au cas où le droit a pour corrélatif une obligation précise d'abstention, de prestation ou de dation, qu'elle soit d'ordre économique ou moral cet effet est généralement laissé dans l'ombre par la doctrine, qui envisage sous le nom d'effets de l'obligation l'effet même du rapport juridique.

Ce défaut de précision entraîne des inconvénients. En effet, au lieu d'exposer dans une même théorie les effets du rapport juridique, ils sont disséminés dans les diverses parties du droit. Ainsi les obligations corrélatives du droit de propriété sont indirectement étudiées dans le droit pénal au sujet des délits contre les propriétés.

Il serait préférable d'étudier d'abord la force obligatoire du rapport juridico-moral en elle-même, les causes qui la produisent, les variations de son intensité et d'en faire progressivement l'application aux obligations morales et aux droits.

Quoi qu'il en soit, la force obligatoire du rapport juridique est subordonnée à certaines conditions : 1° il faut que l'exercice du droit soit conforme aux lois et usages en vigueur ; 2° il faut, si l'exécution de l'obligation n'est pas volontaire, recourir à la société pour forcer l'obligé à s'exécuter et alors il faut : *a*) que l'existence même du rapport juridique soit constatée au moyen des règles de preuve admises par la loi ; *b*) procéder pour l'exécution selon les formes légales.

L'étude des effets du rapport juridique est donc tout indiquée. Il y a lieu d'abord de rechercher les cas d'exécution volontaire, puis ceux d'exécution forcée, puis les règles relatives à la preuve et enfin celles de la procédure. En outre l'exécution peut être retardée, soit licitement (terme), soit illicitement (retard-demeure) ce qui entraîne des conséquences juridiques. Enfin l'exécution peut ne pas avoir lieu, soit licitement (extinction du rapport juridique) soit illicitement, et alors se produit la novation du rapport en un autre ayant pour objet des dommages-intérêts, phénomène très intéressant qui permet de chiffrer les obligations morales et de leur appliquer en partie les règles générales du rapport juridique. Nous nous bornerons à indiquer sommairement les effets de ce rapport, sans entreprendre une étude détaillée.

A. — **Exécution volontaire.**

a) Rapports a obligation d'abstention ou négative.

α) *D'ordre général.*

Ce cas vise tous les devoirs généraux de la morale et du droit. Il n'y a rien de spécial qui s'en dégage. Ces abstentions d'ordre général consistant à respecter les droits acquis des particuliers ou des collectivités quelle qu'en soit la nature sont généralement respectées, faute de quoi la vie sociale serait impossible. Leur violation ressort partie de la morale, partie du droit pénal et partie du droit civil et du droit administratif. Son étude constitue la pathologie juridique.

β) *D'ordre particulier.*

Il en est de même des obligations particulières d'abstention ; leur exécution volontaire n'exige aucun développement.

b) Rapports a devoirs ou obligations positifs.

α) *A objet économique.*

L'exécution volontaire des obligations positives d'ordre économique est le paiement. Il constitue en même temps un mode d'extinction des obligations, mais a surtout le caractère d'effet du rapport, effet normal et recherché par les parties. Il est susceptible de modalités et d'équivalents, tels que la dation en paiement, la novation, la confusion, le terme extinctif.

β) *A objet moral.*

Le terme paiement pourrait être employé pour désigner l'acquittement d'une obligation morale : il a en droit un sens suffisamment compréhensif pour qu'il en soit ainsi : le délinquant qui subit sa peine paie réellement sa dette. Cependant on n'applique pas aux obligations morales les règles du paiement. Cela résulte de ce que dans la théorie doctrinale on n'a pas distingué les règles générales de tout paiement (applicables aux obligations morales) de celles spéciales au paiement des obligations à objet économique. Cela tient aussi à ce que l'acquittement d'une obligation morale peut s'effectuer par des équivalents plus larges qu'en matière économique, où la détermination de l'objet à prester par exemple est très précise. Il serait intéressant de tenter l'élaboration d'une théorie parallèle en matière d'obligation à objet non économique.

B. — Exécution forcée.

Si les règles juridiques concernant l'exécution volontaire sont peu nombreuses, en revanche celles qui monumentent la théorie de l'exécution forcée sont extrêmement abondantes et variées, au point qu'une vue superficielle croit y reconnaître l'essence même du droit.

a) Rapports a obligations d'abstention.

α) *D'ordre général.*

Ces obligations, qui comprennent toutes les obligations morales et certaines obligations juridiques, ne sont pas toutes pourvues d'un mode d'exécution forcée. Il n'en est ainsi que pour celles qui sont reconnues par le droit positif et la manière dont elles sont sanctionnées est extrêmement variable. Généralement une peine est attachée à la violation de ces prohibitions, sans préjudice du droit pour l'intéressé, lorsqu'il subit une perte appréciable en argent, d'obtenir une réparation civile dans la mesure du préjudice qu'il a subi. C'est ainsi que le propriétaire, lorsqu'un délinquant a détérioré assez gravement sa propriété pour que cette atteinte tombe sous le coup de la loi pénale, peut obtenir des dommages-intérêts pour le montant de la détérioration qu'il a éprouvée.

Il faut remarquer que l'exécution forcée directe de ces obligations est généralement impossible. Le droit, pour obtenir le respect des prohibitions dont il s'agit, est obligé d'user de moyens indirects, d'une part en cherchant à intimider les contrevenants possibles par la peine à laquelle ils risquent d'être condamnés, d'autre part en cherchant à rétablir l'état primitif antérieur à la violation de ces prohibitions, dans la mesure du possible.

β) *D'ordre particulier.*

Au contraire, lorsqu'il s'agit d'obligations d'abstention précises, qui sont généralement d'ordre économique, il est parfois possible d'obtenir une exécution directe et effective. Il est en effet possible et on peut obtenir par décision judiciaire l'autorisation de démolir une construction élevée au mépris d'une obligation de ne pas bâtir.

b) Rapports a obligations positives.

α) *D'ordre économique.*

Toutes les fois que l'exécution d'une obligation positive d'ordre économique ne sera pas volontairement accomplie, on pourra y contraindre le débiteur par les voies de droit.

Et d'abord, toutes les fois qu'il sera possible l'exécution directe de l'obligation sera ordonnée par justice et poursuivie avec la force publique s'il y a lieu. C'est ainsi par exemple que l'engagement de bâtir n'étant pas tenu par un entrepreneur sera obtenu à l'aide d'un expert aux frais de l'entrepreneur. Bien entendu ce moyen d'exécution n'est possible que lorsque le fait auquel s'est obligé le débiteur est de nature à pouvoir être accompli par ces tiers, et ne présente aucun caractère personnel, artistique par exemple.

β) *D'ordre moral.*

Le principe est le même pour les obligations d'ordre moral. Si l'exécution directe est possible, il faut y recourir en premier lieu. C'est ainsi que, la femme étant tenue de résider avec son mari et s'y refusant, ce dernier peut faire conduire sa femme chez lui à l'aide de la force publique, — s'il ne préfère, à raison de l'inanité de cette mesure, demander la séparation de corps ou le divorce.

C. — **Inexécution des obligations.**

Lorsque le débiteur ne remplit pas son obligation et que le créancier ne peut obtenir la satisfaction complète que lui aurait procurée l'exécution de cette obligation, le droit met à sa disposition une série variée de dédommagements.

Et d'abord la personne même du débiteur peut être appréhendée et soumise à l'incarcération. Si la contrainte par corps est abolie en matière civile et commerciale, elle est le mode le plus usité du droit pénal, soit à titre de peine directe, soit comme moyen indirect de paiement des amendes et des frais.

A défaut de prise sur la personne même de l'obligé, la loi prévoit la mainmise sur ses biens; c'est le seul moyen usité en matière civile.

Il existe d'abord le système des astreintes, puis celui des saisies. Moyennant certaines formalités légales, le créancier obtient la conversion en argent d'une partie plus ou moins considérable du débiteur et si sa créance est pécuniairement évaluée il peut obtenir une satisfaction parfois complète.

Si la créance a pour objet tout autre chose, le droit est parvenu à procurer au créancier la satisfaction la plus large possible au moyen de la conversion des obligations inexécutées en dommages-intérêts.

Parfois l'inexécution produit simplement le replacement des parties dans l'état antérieur au moyen de la résiliation de la convention. Cela est toujours possible en matière de contrats synallagmatiques.

D. — Modalités.

L'exécution peut être retardée licitement au moyen du terme ou illicitement, et ce retard s'appelle alors demeure.

a) Terme.

Le terme est l'expiration d'un certain laps de temps fixé pour l'exécution de l'obligation, soit expressément par les parties, soit tacitement en raison de la nature du rapport juridique et il est alors conventionnel, soit par loi, et il est dit terme de droit, soit par le juge, et il s'appelle alors terme de grâce.

Il est certain s'il consiste en l'indication du jour déterminé; incertain s'il est attaché à la réalisation d'un événement futur dont l'échéance est inconnue, encore qu'elle soit certaine.

Il a pour effet de retarder l'exécution de l'obligation jusqu'à son échéance, mais avec cette particularité que ce retard est licite et ne produit aucun effet juridique; le droit se borne à déterminer l'étendue du droit du créancier avant l'échéance.

b) Demeure.

Au contraire le retard qui est imputable au débiteur seul, et qu'il apporte sans droit, produit des effets juridiques. Il s'appelle la demeure.

Pour qu'elle se produise, la loi exige certaines conditions dont l'ensemble constitue la mise en demeure, consistant parfois en un acte extrajudiciaire, parfois dans l'échéance d'un terme.

La demeure dûment constatée fait courir les dommages-intérêts moratoires, à condition que le créancier justifie d'un dommage et que le débiteur ne s'exonère pas par la preuve d'un cas fortuit ou d'une force majeure. Ces deux conditions suffisent parfois sans mise en demeure préalable pour l'allocation des dommages-intérêts, parce qu'alors il y a faute du débiteur, d'où création d'une obligation à sa charge.

Le mode d'évaluation des dommages-intérêts, les faits qui peuvent libérer le débiteur sont exposés par la doctrine dans le droit civil.

Le principe de la demeure n'est cependant pas spécial au droit civil ; mais il n'y a pas de théorie générale et la demeure est applicable à la fois aux obligations morales et aux obligations économiques.

D. — **Sanction du rapport juridique.**

L'exécution forcée d'une obligation ne peut jamais être obtenue qu'à l'aide de l'autorité publique et dans les formes légales : nul ne peut se faire justice à soi-même.

La sanction d'un rapport juridique et double : pénale et civile. Tous les rapports ne comportent pas d'ailleurs à la fois ces deux espèces de sanctions. En tout cas elle est toujours subordonnée à deux conditions : la preuve du droit et l'emploi d'une certaine procédure.

a) Preuve.

La preuve a un double sens : elle désigne ou bien le fait matériel, l'écrit qui est souvent rédigé au moment de la conclusion d'un accord et dans les formes légales pour servir plutôt à établir l'existence du rapport juridique, ou bien le fait même que ce rapport est prouvé en justice. Il y a donc une double théorie de preuve : celle de la preuve préconstituée ; celle de l'administration de la preuve en justice.

Le principe général est que faute de preuve le droit est dépourvu d'exécution et que la charge de cette preuve incombe à celui qui veut faire modifier à son profit l'état de droit existant.

Il serait désirable que, la théorie générale de la preuve étant élaborée, toutes les théories particulières, exposées au cours des explications sur le fond même du droit, fussent étudiées à la suite de cette théorie générale dans une seule et même partie du droit.

b) PROCÉDURE.

La procédure est l'ensemble des règles sur la manière dont la loi assure la protection des rapports juridiques ou des sujets de droit. La première est la procédure contentieuse, la seconde la procédure gracieuse. Il serait également désirable que les règles de procédure exposées au cours du droit civil fussent rattachées aux théories générales et spéciales de la procédure pour former un seul ensemble.

Conclusion.

En résumé, et pour conclure, on voit tous les services que la notion de rapport juridique suffisamment analysée peut rendre au droit civil, au droit tout entier, à la morale et à la sociologie. En droit, elle peut permettre l'élaboration de synthèses, de théories doctrinales plus générales encore que celles où nous sommes parvenus, et la réduction progressive des principes au nombre minimum, d'où plus grande facilité pour comprendre, exposer et appliquer le droit. En morale, la coïncidence du rapport juridique et du rapport moral peut permettre aux moralistes de transposer les règles juridiques et de les appliquer dans la mesure du possible et des cas concrets aux problèmes moraux. En sociologie, la réduction progressive du moral et du juridique à un même phénomène social permet l'établissement de lois scientifiques avec plus de chances de succès. Il n'est pas jusqu'à la science générale qui ne puisse profiter de l'éclaircissement qui résulte de la conception même du rapport juridique. Ce rapport, expression de la force obligatoire qui assujettit les volontés individuelles, n'est pas sans analogie avec les lois du mouvement étudiées en mécanique et en physique, qui obligent les forces à parcourir leur chemin dans une direction déterminée avec une certaine vitesse. Les forces, conçues d'ailleurs sur le type de notre volonté individuelle, ont leurs lois que la science découvre, de même que le droit et la sociologie découvrent peu à peu les lois qui dirigent consciemment ou non les volontés individuelles. Il n'est pas impossible de concevoir qu'un jour nos connaissances seront suffisamment avancées pour réduire à l'unité ces diverses lois. C'est là une conception hypothétique et subjective; mais la poursuite de la vérification de cette hypothèse pourrait peut-être bien réserver des surprises et amener des découvertes imprévues.

RAOUL BRUGEILLES.

5e ANNÉE 1909

REVUE
DE
DROIT INTERNATIONAL PRIVÉ
ET DE
DROIT PÉNAL INTERNATIONAL

FONDÉE PAR
A. DARRAS
RÉDIGÉE PAR
A. de LAPRADELLE
PROFESSEUR AGRÉGÉ A LA FACULTÉ DE DROIT DE PARIS
ASSOCIÉ DE L'INSTITUT DE DROIT INTERNATIONAL

SOUS LE PATRONAGE DE MM.

A. LAINÉ	**A. WEISS**	**A. PILLET**
Professeur à la Faculté de droit de Paris	Professeur à la Faculté de droit de Paris	Professeur à la Faculté de droit de Paris
De BŒCK	**E. AUDINET**	**E. BARTIN**
Professeur à la Faculté de droit de Bordeaux	Professeur à la Faculté de droit d'Aix	Professeur à la Faculté de droit de Paris

et avec la collaboration de jurisconsultes, magistrats et professeurs, français et étrangers

Secrétaire de la rédaction : **P. GOULÉ,** Docteur en droit, ancien magistrat

Abonnement annuel
France................. **20** francs. — Étranger.................... **22** fr. **50**
L'année terminée se vend......................... **22** francs.

Le Gérant : L. LAROSE.

BAR-LE-DUC. — IMPRIMERIE CONTANT-LAGUERRE

www.ingramcontent.com/pod-product-compliance
Ingram Content Group UK Ltd.
Pitfield, Milton Keynes, MK11 3LW, UK
UKHW020947220726
13924UKWH00002B/532

9 782019 241353